# Contents

## Chapter 1

Hello, my friends! My name is Guadalupe Quintanilla. My friends call me Lupita.

My children are grown up now. In fact, I'm a grandmother. But years ago when my children were small, they sometimes watched *Sesame Street* on TV. When the show was on, I would hear a little song that went like this:

> *Three of these things belong together*
> *Three of these things are kind of the same*
> *Can you guess which one of these doesn't belong here?*
> *Now it's time to play our game!*

## Capítulo 1

¡Hola, mis amigos! Me llamo Guadalupe Quintanilla. Mis amigos me llaman Lupita.

Mis hijos ya son adultos y ahora, soy abuelita. Pero hace años cuando mis niños eran pequeños les gustaba mucho ver el programa *Plaza Sésamo*. Cuando ellos veían ese programa, yo a veces oía una cancioncita que decía así:

> *Una de estas cosas no es como las otras,*
> *No; es diferente de todas las demás.*
> *Adivina cuál es diferente de las otras,*
> *Antes que termine de cantar.*

As I was thinking about how to tell you my story, I remembered that old *Sesame Street* song. I decided to begin by asking you to play that game.

Are you ready? I am going to tell you four things about me. After you read all four, I'd like you to decide which one "doesn't belong."

- I am a professor at a university.
- I am the president of my own company.
- I was chosen to do special jobs for two U.S. presidents.
- I dropped out of school when I was in first grade.

Al pensar como contarles a ustedes mi historia, recordé esa vieja cancioncita de *Plaza Sésamo*. Decidí entonces empezar mi historia preguntándoles que adivinen como en la canción.

¿Están listos? Les voy a decir cuatro cosas sobre mí. Después de que lean las cuatro, quiero que adivinen cual es la que "no es como las otras".

- Soy profesora en una universidad.
- Soy la presidenta de mi propia compañía.
- Fui elegida para ayudar a dos presidentes con trabajos especiales.
- Yo deje la escuela en el primer año.

Did you choose #4?

Yes, I thought you would.

But even if it doesn't seem to belong with the other three facts, it is true.

I, Lupita Quintanilla, college professor, was a first-grade dropout.

❖ ❖ ❖ ❖ ❖ ❖

¿Adivinaron la número 4?

Así, pensé que adivinarían.

Aunque no parece que pertenezca con los otros tres datos, es la verdad.

Yo, Lupita Quintanilla, profesora universitaria, dejé la escuela en el primer año.

# Chapter 2

I was born in 1937 in a small town in Mexico. My parents divorced when I was very young. I then went to live with my grandparents in the town of Nogales. That is just a few miles from the border with Arizona in the United States.

Living with my grandparents was very nice. Grandma sewed me beautiful clothes and made me dolls from scraps of cloth. Grandpa let me keep a chicken for a pet, even when it pecked holes in a bag of flour.

# Capítulo 2

Yo nací en 1937 en un pequeño pueblito de México. Mis papás se divorciaron cuando yo era niña. Después fui a vivir con mis abuelitos en la ciudad de Nogales. Nogales está a pocas millas de la frontera de México con Arizona.

El vivir con mis abuelitos fue muy agradable. Mi abuelita me hacía ropa bonita y también muñecas de trocitos de tela. Mi abuelito me dejó tener una gallina como mascota, aunque picoteaba huecos en las bolsas de harina que teníamos en la tiendita.

Lupita as a baby. She lived with her grandparents in Nogales, Mexico.

Lupita cuando era una bebé. Ella vivó con sus abuelos en Nogales, Mexico.

Here Lupita is a little girl. By this age, she was helping out in her grandparents' little store.

Aqui, Lupita es niña. A esta edad, ella estaba ayudando en la pequeña tienda de sus abuelos.

Grandpa worked for the railroad. He would often take me to work with him at the rail yard. While he inspected the train cars, I would pick up pretty pebbles and other prizes for my treasure box. I would chase the lizards that sat sleeping in the hot Mexican sun.

Other days I stayed home and helped Grandma in the little store in our house. We sold rice, beans, lard, vegetables, and other things that our neighbors needed. When we ran out of anything, Grandma would tell me to call our suppliers to order more. The suppliers were

◆ ◆ ◆ ◆ ◆ ◆

Mi abuelito trabajaba en el ferrocarril. Seguido me llevaba con él. Mientras él inspeccionaba al tren, yo recogía piedras bonitas y otros premios para mi caja de tesoros. Yo correteaba a las lagartijas que dormían bajo el cálido sol Mexicano.

Otros días me quedaba y ayudaba a mi abuelita en la tiendita dentro de nuestra casa. Vendíamos arroz, frijoles, manteca, verduras, y otras cosas que necesitaban nuestros vecinos. Cuando se nos acababa algo mi abuelita me pedía que llamara a nuestros proveedores para ordenar más. ¡Los proveedores se sorprendían

so surprised to hear a little child's voice on the phone that they sometimes hung up on me! But after while, they got used to my calls.

I loved answering the telephone, too. When the phone rang, I ran as fast as I could. One time my eagerness got me in trouble. I was so small I had to climb up on a wooden box to reach the phone. In my rush, I upset the box and came crashing down into a tub filled with raw eggs. You've never seen such a mess!

◆ ◆ ◆ ◆ ◆ ◆

tanto al oír la voz de una niña en el teléfono que a veces me colgaban! Sin embargo, después de un tiempo se acostumbraron a mis llamadas.

También me encantaba contestar el teléfono. Cuando sonaba yo corría lo más rápido que podía. Mi afán por contestar me metió en problemas. Yo era tan pequeña que tenía que subirme en una caja de madera para poder alcanzar el teléfono. En uno de mis apuros la caja se rompió y yo me caí encima de un envase lleno de huevos frescos. ¡Nunca han visto tal desastre!

My long, curly hair was filled with egg yolks and broken bits of eggshell. Grandma had to shampoo me again and again to get it all out.

When I was six, I started school in Nogales. There I learned to read. At home, working in the store, I was also learning. When I sold things and made change, I was learning arithmetic. When I made lists for suppliers, I was learning to write. I enjoyed learning, and I loved school. But soon, my life would change.

❖ ❖ ❖ ❖ ❖ ❖

Mi cabello largo y rizado estaba lleno de yemas de lluevo y de pedacitos de cáscara. Mi abuelita me tuvo que lavar el pelo muchas veces para sacármelo todo.

Empecé la escuela en Nogales cuando tenía seis años. Allí aprendí a leer. En casa, mientras trabajaba en nuestra tiendita, también aprendía. Cuando vendía cosas y daba el cambio estaba aprendiendo aritmética. Cuando hacía las listas para los proveedores estaba aprendiendo a escribir. Disfruté el aprendizaje y adoraba ir a la escuela. Pronto mi vida cambiaría.

## Chapter 3

My grandparents were getting older. They had worked very hard all their lives. They had taken care of their children, and then taken care of me. Now someone offered to take care of them.

Their oldest son, my uncle Chalio, had become a doctor. In Mexico, it is common for older people to move in with their adult children. When Uncle Chalio invited my grandparents to live with him, they were happy. Now they could rest a little and let their son help them.

But Uncle Chalio did not live in Nogales. He lived hundreds of miles south, deep in a part of Mexico that

## Capítulo 3

Mis abuelos estaban envejeciendo. Ellos habían trabajado muy duro toda su vida. Habían cuidado a sus hijos y también a mí. Ahora alguien se ofreció a cuidarlos a ellos.

Su hijo mayor, mi tío, se recibió de doctor. En México es común que los ancianos se muden a vivir con sus hijos adultos. Cuando tío Chalio invitó a mis abuelos a vivir con él, ellos se pusieron muy contentos. Ahora podían descansar un poco y su hijo los iba a ayudar.

Pero tío Chalio no vivía en Nogales. Él vivía cientos de millas al sur, en un lugar de México que era muy

was very different than Nogales. The roads were made of dirt. There were no schools.

I was sorry to leave my school. But as we settled into our new home, I discovered something that made me happy. Although I was only seven, I knew how to read and write and do arithmetic. I was better at those things than most of the new friends that I made. Soon, our favorite game was "playing school," with me as the teacher. It was fun to teach the other children their ABCs and arithmetic!

Time passed quickly, and after three years my uncle opened a clinic near the border with Texas. We moved again and lived on a little farm. We grew cotton and

◆ ◆ ◆ ◆ ◆ ◆

diferente a Nogales. Las carreteras eran de tierra y no había escuelas.

Me dio tristeza dejar mi escuela, pero al acomodarnos en nuestro nuevo hogar descubrí algo que me hizo feliz. Aunque solo tenía siete años, yo sabía ya como leer, escribir, y sabía aritmética. Yo sabía más que la mayoría de mis nuevos amigos. Pronto nuestro juego favorito era "jugar a la escuela", y yo era la maestra. ¡Era muy divertido enseñarles a los otros niños el abecedario y la aritmética!

El tiempo pasó rápidamente y después de tres años mi tío abrió una clínica cerca de la frontera con Tejas. Nos mudamos otra vez y mis abuelitos y yo vivimos en

At about this age, Lupita began school in Mexico. But soon she and her grandparents moved to a tiny town where there was no school.

Aproximadamente a esta edad, Lupita comenzó sus estudios en México. Pero pronto ella y sus abuelos se mudaron a un pequeño pueblo donde no existía una escuela.

Lupita is about 16 in this photograph. Soon after it was taken, she was married.

En esta fotografía, Lupita tiene 16 años. Poco después que la fotografía fue tomada, ella se casó.

11

raised chickens. I loved the chickens, but I did not love the snakes that came to steal their eggs. I tried to shoot the snakes with my slingshot, but that didn't work very well. Finally I got a rifle of my own, and I became a very good shot!

In the meantime, something sad happened to my dear grandpa. His eyes began to fail. I started reading out loud to him. We read the local newspaper. We read the Spanish-language version of *Readers Digest*. We read exciting stories from Mexican history, such as the adventures of General Pancho Villa. And we read

◆ ◆ ◆ ◆ ◆ ◆

una granja pequeña. Cultivábamos algodón y criábamos gallinas. A mi me encantaban las gallinas, pero no me gustaban las culebras que venían a robarles los huevos. En varias ocasiones les traté de disparar a las culebras con mi resortera, pero no resultó muy bien. Por fin, mi abuelito me dió un rifle propio. ¡Aprendí a tener muy buena puntería!

Durante este tiempo le ocurrió algo triste a mi querido abuelo. Le empezaron a fallar los ojos. Yo empecé a leerle en voz alta. Leíamos el periódico del pueblo. Leíamos la versión en español de la revista *Readers Digest*. Leíamos pasajes emocionantes de la Historia Mexicana, como las aventuras del General Pancho Villa.

famous Spanish-language novels, such as *Don Quixote de la Mancha*.

As Grandpa's sight became worse, he and Grandma decided we should cross the border to live in the city of Brownsville, Texas. They hoped that the doctors in Texas would be able to help him.

So we prepared to move again. This time, we were moving not just from one town to another. We were moving to a new country—the United States. I was 12 years old. I had no idea how awful the next months would be.

◆ ◆ ◆ ◆ ◆ ◆

También leíamos famosas novelas en español como *Don Quijote de la Mancha*.

Al empeorar la vista de mi abuelito, él y mi abuelita decidieron que debíamos cruzar la frontera para vivir en la ciudad de Brownsville, Tejas. Tenían la esperanza de que los doctores de Tejas lo pudieran ayudar.

Así fue como nos preparamos para mudarnos una vez más. Esta vez no iba a ser tan sencillo como mudarnos de un pueblo a otro. Esta vez nos mudábamos a un nuevo país—Los Estados Unidos. Yo tenía 12 años. No tenía ni idea que horribles iban a ser los próximos meses para mí.

## Chapter 4

I was going to school again! The thought made my heart sing with joy. I remembered happy days in school back in Mexico. Once when I had been at the top of my class, I had been allowed to carry the Mexican flag in a parade. I couldn't wait for more good times like that.

My grandmother took me in to enroll. The school building seemed big and scary. Someone directed us to an office. I was put in a little room and given a sheet of paper covered with writing.

When I looked at the paper, I could tell that it was some kind of a test. But it was not like any test I had

## Capítulo 4

¡Yo íba a asistir a la escuela de nuevo! Ese pensamiento me puso a cantar el corazón de alegría. Recordaba mis días felices en la escuela en México. Una vez, por ser la mejor alumna de mi clase, me dejaron cargar la bandera Mexicana en un desfile. ¡Yo soñaba con pasar ratos tan lindos como esos!

Mi abuelita me llevó a matricularme. El edificio de la escuela era muy grande y me daba miedo. Alguien nos mandó a la oficina. A mí me pusieron en un cuarto y me dieron un papel lleno de palabras.

Al ver el papel me di cuenta de que era un examen. No era como ningún examen que yo había tomado. Había

*Lupita (center) with (from left) her son Victor, daughter Martha, son Mario, and a friend. The family was on a visit to Mexico.*

*Lupita (centro) con (de izquierda) su hijo Víctor, hija Martha, hijo Mario y un amigo. La familia estaba en una visita a México.*

*Lupita shows off her talent for balancing a basket on her head!*

*Lupita demuestra su talento para equilibrar una canasta en la cabeza!*

ever seen. There were many shapes—squares and circles and triangles. There were sentences with words missing in the middle. There were questions with numbers.

And I couldn't read a single word of it.

Why not?

The test was in English.

I spoke only Spanish.

I did the best I could. I figured out some of the math problems. I guessed at the meaning of some words. But I left most of the answers blank. I turned the paper in, feeling very confused. What kind of test was this? How was I supposed to understand?

◆ ◆ ◆ ◆ ◆ ◆

muchas figuras en el examen. Había cuadros, círculos y triángulos. Había oraciones a las que les faltaban palabras en medio. Había preguntas con muchos números.

Y yo no podía leer ni una sola palabra.

El examen era en inglés.

Yo solo hablaba español.

Tomé el examen lo mejor que pude. Resolví algunos de los problemas de matemáticas. Adiviné el significado de algunas palabras. Dejé la mayoría de las respuestas en blanco. Yo entregué el papel, sintiéndome muy confundida. ¿Qué tipo de examen era ese? ¿Cómo es que yo debería de entenderlo?

A few days later, I returned to the school to start classes. I was led to a room filled with children. They were about six years old. They were all talking in English. When they saw me, a big twelve-year-old, they stared in surprise.

I sat quietly for a long time while class went on around me. I watched the teacher, hoping she would notice me and help me understand what was going on. But that never happened—not that day, and not on any day.

Instead, the teacher began using me as kind of a servant. When a child needed to leave the classroom, it was my job to take her. (I learned to understand

❖ ❖ ❖ ❖ ❖ ❖

Unos días después, regresé a la escuela para comenzar las clases. Me guiaron a un cuarto lleno de niños. Allí todos tenían 6 años de edad. Todos estaban hablando en inglés. Cuando me vieron, ya una niña de 12 años de edad, se me quedaron mirando sorprendidos.

Me senté callada por mucho tiempo mientras la clase continuaba a mí alrededor. Yo observaba a la maestra, con la esperanza de que me tomara en cuenta y me ayudara a comprender lo que sucedía. Eso nunca pasó, no en ese día ni en ningún otro.

En vez de ayudarme, la maestra me empezó a utilizar como una sirvienta. Cuando una niña necesitaba ir al baño, me tocaba a mí llevarla. (Aprendí a entender las

the words "To the office" and "To the bathroom.") Sometimes the teacher would give me pictures to put on the bulletin board. At recess, I would stand alone on the playground, feeling miserable. I knew my little classmates were making fun of me. I didn't know English, but I knew what they meant when they pointed at me and said "stupid." It sounded just like the Spanish word *estúpido*.

Years later, I finally understood what had happened at that school. The strange test that I had taken the first day was called an IQ test. It was supposed to show how intelligent I was. Because it was in English, I had

◆ ◆ ◆ ◆ ◆ ◆

palabras "a la oficina" y "al baño"). A veces la maestra me daba fotografías para poner en el boletín y sí había algo que limpiar, yo lo limpiaba. Durante el recreo, me paraba yo sola en el patio, sintiéndome miserable. Sabía que mis compañeritos se burlaban de mí. Yo no sabía hablar inglés pero sabía que querían decir cuando me apuntaban y me decían "stupid". Sonaba igual que la palabra en español estúpido.

Años después al fin entendí que había pasado en la escuela. El examen raro que había tomado el primer día se llamaba un examen de IQ. Ese examen debía de mostrar lo inteligente que era yo. Como el examen era en inglés, yo saqué muy bajo puntaje. De acuerdo a mi

scored very, very badly. According to my score, I wasn't smart enough to learn anything. So I'd been sent to first grade. There, no one even tried to teach me.

Every day at school was like a bad dream. I had no one to talk to, no one to play with. I didn't understand anything going on around me. Everyone laughed at me. The teacher ignored me. This went on for four long months.

Then, one day, I was out on the playground. As always, I was alone. A man was mowing the grass nearby. He politely said, *"Buenas tardes."*

He had spoken to me! He had said "good afternoon" in my own language! He was Hispanic like

◆ ◆ ◆ ◆ ◆ ◆

puntaje yo no tenía la inteligencia para aprender nada. Por eso me mandaron a primer año. Ahí nadie intentó enseñarme nada.

Todos los días en esa escuela fueron como una pesadilla para mí. No tenía nadie con quien hablar ni con quien jugar. No entendía nada de lo que sucedía a mí alrededor. Todos se reían de mí. La maestra me ignoraba. Esto continuó por cuatro largos meses.

Un día, estaba en el patio de recreo. Como siempre, estaba sola. Un hombre estaba cortando el pasto. Amablemente me dijo, "Buenas tardes."

¡Me habló! Me había dicho buenas tardes en mi propia lengua. ¡Él es hispano como yo! Comencé a

*In 1984, Lupita became the first Hispanic U.S.*
*representative to the United Nations. Here she gives*
*a speech at the U.N.*

*En 1984, Lupita fue el primera hispana representante*
*de Estados Unidos en las Naciones Unidas. Aquí le da*
*un discurso allí.*

*Lupita poses with her three children: Martha, a lawyer; Victor, a lawyer,*
*and Mario, a doctor.*

*Lupita con sus tres hijos: Martha, una abogada; Victor, un abogado, y*
*Mario, un doctor.*

20

me! I quickly started talking to him, overjoyed to be having a conversation in Spanish.

But just as quickly, a teacher was at my side. She grabbed my arm and almost dragged me to the principal's office. Both she and the principal began shouting at me. I could not understand a single one of their English words. But I understood that they were very angry.

Why were they so mad?

Was it just because I spoke Spanish? Was it because I spoke to that man?

Even today, I don't really know.

But I knew one thing.

I would never go back to that school again.

◆ ◆ ◆ ◆ ◆ ◆

hablar con él, contenta de tener una conversación en español.

Tan rápido como empecé a hablar llegó una maestra a mi lado. Me jaló del brazo y casi me arrastró a la oficina del director. Ella y el director, los dos, me empezaron a gritar. No entendía ninguna de sus palabras en inglés, pero si entendí que estaban muy enojados.

¿Pero porqué estaban tan enojados?

¿Sería solo porque hablé en español?

¿Sería porque hablé con el hombre?

Hasta el día de hoy, no sé porque estaban tan enojados.

De una cosa si estaba segura.

Yo jamás regresaría a esa escuela.

## Chapter 5

"Grandpa, I don't like school. I don't want to go back."

"All right, my dear. It's ok."

When I told my grandfather that I wanted to quit school, he agreed to let me.

I can imagine you saying, "WHAT? She was twelve years old! Who lets a twelve-year-old quit school? Why didn't her grandparents go to the school and complain about what had happened?"

Looking back, I think there were three reasons they agreed to let me leave school.


## Capítulo 5

"Abuelito, no me gusta la escuela. No quiero regresar."

"De acuerdo, mija. Está bien."
Cuando le dije a mi abuelito que quería dejar la escuela, él estuvo de acuerdo.

Ya me imagino que dirán: "¿Qué? ¡Si sólo tenía 12 años! ¿Quién deja que una niña de 12 años se salga de la escuela? ¿Por qué no fueron sus abuelitos a la escuela a quejarse de lo que pasó?"

Al pensar en lo que pasó, ahora creo que hubo tres razones por las cuales mis abuelitos me permitieron dejar la escuela.

First, my grandparents did not look at school the way most parents do today. When they were growing up in Mexico, school was not for everyone. Education was seen as a luxury, something for rich people.

Second, like many Hispanic people, my grandparents had great respect for school and for teachers. They would not have dreamed of going to school to complain. They would have said, "She's the teacher! She must know what she's doing."

And third, and most importantly, I was a girl. It's not that my grandparents loved me less because I was a girl. They loved me very much. But like most Hispanics of their age, they did not expect me to ever have a career.

❖ ❖ ❖ ❖ ❖ ❖

Primera, mis abuelitos no veían el ir a la escuela de la misma forma que los padres de hoy. Cuando ellos crecieron en México, la escuela no era para todos. La educación era un lujo para los ricos.

Segunda, como muchos hispanos mis abuelitos le tenían mucho respeto a la escuela y a las maestras. Ellos no hubieran ni soñado ir a la escuela para quejarse. Hubieran dicho: "Ella es la maestra y ella sabe lo que hace."

Y tercera y más importante, yo era niña. No es que mis abuelitos me querían menos por ser mujercita. Ellos me amaban mucho. Pero como muchos mexicanos de su edad, nunca pensaron que yo pudiera tener una carrera.

They expected me to get married and stay home to care for my house and children. My grandma could teach me how to be a wife and mother. I did not need to go to school for that.

So they said, "It's ok. You can quit school."

I was very happy to leave my horrible school and stay home. I loved spending time with my family. Grandpa was completely blind by now, and I became his eyes. It was a joy for us both when I read to him. I enjoyed working side by side with Grandma, keeping house. She

❖ ❖ ❖ ❖ ❖ ❖

Ellos esperaban de mí que me casara y me quedara en casa cuidando mi hogar y mis hijos. Mi abuelita me podía enseñar como ser buena esposa y madre. Yo no necesitaba asistir a la escuela para aprender eso.

Entonces dijeron, "Esta bien mija. Puedes salirte de la escuela".

Yo estaba muy contenta de dejar esa horrible escuela y de quedarme en casa. Me gustaba pasar el tiempo con mi familia. Mi Abuelito ya había quedado completamente ciego y yo me convertí en sus ojos. Era una alegría para los dos cuando yo le leía. También me gustaba trabajar al lado de mi abuelita, manteniendo la

*Lupita gets a hug from her daughter Martha. A lawyer, Martha served as head of the Family Violence Division of the Dallas, Texas, district attorney's office.*

*Lupita recibe un abrazo de su hija Martha. Una abogada, Marta servía como jefe de la División de la Violencia en la Familia de Dallas, Tejas, de la oficina del fiscal del distrito.*

taught me all about cooking and cleaning and sewing—everything I would need to be a good wife and mother.

Soon I was 16. My grandpa was getting older. He began to worry about who would take care of me when he was gone. It was time to find me a husband. My grandparents introduced me to a man named Cayetano. He was 13 years older than I was and had a good job as a dental technician. Soon we were married.

My husband and I moved into a little house, and my grandparents lived with us. In five years we had

◆ ◆ ◆ ◆ ◆ ◆

casa limpia. Ella fue la que me enseño a cocinar, limpiar y coser-todo lo que necesitaba para ser una gran esposa y madre.

El tiempo pasó muy pronto, yo cumpliría 16 años, y mi abuelito que estaba envejeciendo se preocupaba por mí. ¿Quién me cuidaría cuando el ya no estuviera con nosotros? Era tiempo de encontrarme un esposo. Mis abuelitos me presentaron a un hombre llamado Cayetano. Él era mayor que yo y tenía un buen trabajo como técnico dental. Pronto nos casamos.

Nos mudamos a una casita donde mis abuelitos vivían con nosotros. En cinco años de casados tuvimos

our three children: Victor, Mario, and Martha. I was the most old-fashioned housewife you can imagine. I cooked and cleaned and took care of everyone. I made my children's clothes. I would even kneel on the floor and tie my husband's shoelaces. I did everything my grandma had told me that a wife and mother should do.

And I was happy. My children were wonderful. I loved to care for them and play with them and read to them. They were so clever and sweet and nice! I loved being Mommy to them.

So my peaceful life as a wife and mother went on. But trouble was just around the corner.

◆ ◆ ◆ ◆ ◆ ◆

nuestros tres hijos: Víctor, Mario y Marta. Yo era el ama de casa más a la antigua que se pueden imaginar. Limpiaba y cocinaba para cuidarlos a todos en mi casa. Les cocía la ropa a mis hijos. Hasta me arrodillaba para amarrarle las cintas de los zapatos de mi esposo. Yo hacia todo lo que me enseñó my abuelita para ser buena madre y esposa.

¡Yo estaba contenta! Mis hijos eran maravillosos. Me encantaba cuidarlos, jugar con ellos, y leerles. Eran tan listos, dulces, y buenos. Adoraba ser su mami.

Así era mi vida llena de paz como madre y esposa, pero los problemas se me acercaban.

## Chapter 6

Victor had started school, then Mario. Now it was little Martha's turn.

I was so proud to see my beautiful children begin their education. School had not been a good experience for me, but I knew things would be different for them. Unlike me, *they* would not move from one school to another. Unlike me, *they* would start first grade when they were six and go straight through until they graduated. Unlike me, they would be successful students. Of course they would!

## Capítulo 6

Víctor había empezado a asistir a la escuela, y luego Mario. Ahora le tocaba empezar a Martha.

Estaba tan orgullosa de ver a mis hijos empezar su educación. La escuela no fue una experiencia agradable para mí pero yo sabía que sería diferente para ellos. Distinto a mí, ellos empezarían el primer año a la edad apropiada y seguirían hasta recibirse. Distinto a mí, ellos iban a ser estudiantes con mucho éxito. ¡Claro que lo serian!

Mario with his mom. Before opening his own medical practice,
Mario was an emergency room physician in Houston.

*Mario con su mamá. Antes de abrir su propia práctica médica,
Mario fue un médico de la sala de emergencia en la ciudad de
Houston.*

Lupita is surrounded by her children, husband, daughter-in-law,
and grandchildren as they look at family photographs.

But . . . then Victor and Mario began bringing home their report cards. Their grades were not very good. I didn't understand. They were so smart! Why weren't they getting all A's?

When Martha started first grade, I began volunteering at the school. It was then that I noticed something that bothered me even more than the boys' report cards.

In the classrooms, the children were divided into two groups—the Red Birds and the Yellow Birds. At first I did not understand what the groups meant. But as I watched, I figured it out.

◆ ◆ ◆ ◆ ◆ ◆

Pero luego Víctor y Mario empezaron a traer sus boletines de calificaciones. Sus calificaciones no eran muy altas. No entendía por qué. ¡Eran tan inteligentes! ¿Porqué no estaban recibiendo buenas calificaciones?

Cuando Martha empezó el primer año, yo me di de voluntaria en su escuela. Fue entonces cuando me enteré de algo que me molestaba más que las calificaciones bajas de mis hijos.

En las clases, los niños estaban divididos en dos grupos—1. Los Pajaritos Rojos y 2. Los Pajaritos Amarillos. Al principio ni entendía que significaban los nombres. Mientras observaba me di cuenta.

The Red Birds were the "smart" group. They read better. They wrote better. They got the best grades.

But the Yellow Birds were the "slow" group. And my children were all Yellow Birds.

My children! My bright, wonderful children! How could this be? At home, they learned everything I taught them easily. I knew how smart they were. But their teachers did not think so.

◆ ◆ ◆ ◆ ◆ ◆

Los Pajaritos Rojos eran del grupo "inteligente". Ellos sabían leer mejor. Sabían escribir mejor. Recibían las calificaciones más altas.

Los Pajaritos Amarillos eran del grupo de niños "lentos" que, según la escuela, no podían aprender como los demás. Y todos mis hijos eran Pájaros Amarillos.

¡Mis hijos! Mis brillantes, maravillosos hijos. ¿Cómo puede ser esto? Me decía. En casa ellos aprendían todo lo que les enseñaba con mucha facilidad. Yo sabía lo inteligentes que eran, pero sus maestros no pensaban igual.

I felt so sad. And I felt helpless. I thought back to what had happened to me in school. Just like my grandparents had, I told myself, "Well, they're the teachers! They must know what they're doing."

And yet . . . I couldn't stop thinking something was wrong.

Finally I got all my courage together. I went to talk to my children's teachers. I asked them why my children were not doing better in school.

Two of the teachers just shrugged. They said, "Your children are slow learners. That's just the way it is."

◆ ◆ ◆ ◆ ◆ ◆

Yo me sentía muy triste. Y me sentía inútil. Yo me puse a penser en lo que me había pasado a mi en la escuela. Igual como mis abuelitos, me decia yo misma, "Bueno pues, ellos son los maestros! Ellos deben de saber lo que están haciendo."

Y yo no podía dejar de pensar que algo estaba mal.

Finalmente, reuní todo mi valor. Fui a hablar con los maestros de mis hijos y les pregunté porque mis niños no estaban mejorando en la escuela.

Dos de los maestros se encogieron de hombros. Ellos dijeron, "Sus hijos aprenden despacio. Lo lamento, pero así es."

But the third teacher had a different answer. He said, "Maybe your children *are* smart. But we can't tell. They don't speak English very well. That makes it hard for them to learn. Maybe if you spoke English at home, that would help them."

Speak English at home? Me? But I could only speak a tiny bit of English. I was embarrassed to even try.

Still, I would do anything to help my children.

"Where can I learn English?" I asked the teacher.

He shrugged. "I have no idea."

◆ ◆ ◆ ◆ ◆ ◆

Pero el tercer maestro tuvo una respuesta diferente. Dijo "Quizás sus hijos son inteligentes, pero no hablan inglés muy bien. Esto hace que sea difícil para ellos que aprendan. Quizás si hablaran inglés en casa, esto les ayudaría."

¿Hablar inglés en casa? ¿Yo? Solo podía hablar un poco de inglés, Y estaba avergonzada de intentarlo.

Aun así, haría todo lo posible para ayudar a mis hijos.

"¿Dónde puedo aprender inglés? Le pregunté al maestro.

Se escogió de hombros. "No tengo idea."

I left our meeting feeling determined. I would learn English! I would speak English with my children! I would help them succeed in school!

But how?

In those days, there were no English classes for adults in our town—at least none that I knew about.

So I went to the high school. I found a counselor who spoke Spanish. I said, "I need to learn English. Can I just sit in on some classes? I won't bother anyone. I'll sit quietly in the back and listen."

◆ ◆ ◆ ◆ ◆ ◆

Salí de nuestro encuentro llena de esperanza. ¡Aprendería el inglés! ¡Hablaría con mis hijos en inglés! ¡Los ayudaría a tener éxito en la escuela!

¿Pero cómo?

En aquel tiempo no había cursos de inglés para adultos en nuestra ciudad-al menos ninguno que yo supiera.

Entonces fui a la escuela secundaria. Ahí encontré una consejera que hablaba español. Yo dije "necesito aprender inglés. ¿Puedo nada más sentarme dentro de algunas clases? No voy a molestar a nadie. Me sentaré en el fondo de la clase y solo escucharé."

In 1992, Houston Metropolitan *magazine honored Lupita and Martha as a Hispanic mother and daughter who had achieved extraordinary things.*

*En 1992, la revista* Houston Metropolitan *había honrado a Lupita y Martha como unas hispanas madre y hija que habían logrado cosas extraordinarias.*

*At the left side of the table, Lupita sits beside President Ronald Reagan at a meeting. In 1983, the president had appointed her to be a member of the National Institute of Justice advisory board.*

*A la izquierda, Lupita se sienta al lado del Presidente Ronald Reagan en una reunión. En 1983, el Presidente había nombrado a Lupe ser un miembro de la Junta Consultiva del Instituto Nacional de Justicia.*

But the counselor shook her head. She pulled out my school records from first grade. She looked at the IQ score that was recorded there. "It says here that you aren't smart enough to learn anything," she said. "You'd be taking classroom space away from someone who *can* learn."

Next, I went to the hospital where I had volunteered for years. I asked if I could sit in on some nursing classes.

The answer was no. "Not without a high school diploma."

Then I went to Texas Southmost College. Could I just sit in some classes and listen?

◆ ◆ ◆ ◆ ◆ ◆

La consejera movió la cabeza. Sacó mi registro de cuando estaba en primer año. Ella vio los resultados de mi IQ. "Dice aquí que no tienes la inteligencia para aprender nada" dijo ella, "Estarías quitándole el cupo a alguien que si puede aprender."

Después fui al hospital en el cual yo había sido voluntaria por años. Ahí pregunté si me podía sentar dentro de algunas de las clases para enfermeras, solo para escuchar inglés.

La respuesta que me dieron fue no. "No puedes sin tener tu título de secundaria."

Después fui a Texas Southmost College y pregunté si podía sentarme en algunas clases y escuchar.

"No," a clerk there told me. "No high school diploma."

As I walked home, it began to rain. All those "No's" I had heard were echoing in my brain. I felt so hopeless that tears rolled down my face. My children were going to fail in school, just as I had. And it was all my fault. If I weren't a stupid first-grade dropout, my children wouldn't be Yellow Birds.

◆ ◆ ◆ ◆ ◆ ◆

"No," me dijo un empleado en la oficina. "No tienes tu título de secundaria".

Mientras que caminaba a mi casa, empezó a llover. Todos esos "No" que había oído resonaban en mi mente. Me sentí tan sin esperanza que las lágrimas rodaban por mi rostro. Mis hijos íban a fracasar en la escuela, como lo hice yo. Era mi culpa. Si yo no fuera una tonta que dejó el primer grado ellos no fueran Pajaritos Amarillos.

# Chapter 7

That night I cried myself to sleep.

But somehow, by the time I woke up, a new thought had come into my mind.

I lay in bed thinking, "They're wrong."

"Even if they are the teachers, they're wrong. My children are *not* slow learners."

And then I had another, even more surprising thought.

"If they're wrong about my children—maybe they were wrong about *me*."

# Capitulo 7

Esa noche lloré hasta quedarme dormida.

Pero de alguna manera al despertarme una nueva idea había entrado en mi mente.

Estaba acostada en mi cama pensando. "Están equivocados".

"Aunque ellos sean los maestros, están equivocados, mis hijos no son estudiantes lentos".

Luego tuve otra idea, una idea más sorprendente.

"Si ellos están equivocados sobre mis hijos- a lo mejor estaban equivocados sobre mí."

As I made breakfast for the family, my excitement grew. Once my husband and children had left the house, I hurried back to Texas Southmost College. This time, I didn't go talk to the clerk. Instead, I rushed up to the first Spanish-speaking student I saw. I asked him, "Who *really* decides who can go to school here?" He told me, "The registrar."

I went to the parking lot, and I found a car parked in the space that said "Reserved for registrar." I waited by that car for two long hours. Finally the registrar showed

◆ ◆ ◆ ◆ ◆ ◆

Mientras preparaba el desayuno para mi familia, me emocionaba más y más. Cuando mis hijos y mi esposo salieron de la casa yo regresé a Texas Southmost College. Esta vez, no fui a hablar con el empleado en la oficina. En vez, fui corriendo hacia primer estudiante que pensé hablaba español. Le pregunte, "¿Quién realmente decide quién puede asistir a esta escuela?" Él me dijo, "El encargado de admisiones".

Fui al estacionamiento y encontré un automóvil estacionado en el espacio que leía "Reservado para el encargado de admisiones". Esperé al lado del automóvil

up. Luckily, he spoke Spanish. I told him the whole story. I begged him to let me sit in on some classes. "I just have to learn English!" I told him.

His answer surprised me very much. "You can't sit in on classes," he said. "But I will let you enroll in four classes. You will be a college student, just like anyone else."

Then he added, "But if you don't succeed, don't bother me any more."

Oh my God, can you imagine how I felt? On one hand, I was overjoyed that I would be allowed to take

◆ ◆ ◆ ◆ ◆ ◆

por dos largas horas. Al fin, el encargado de admisiones se apareció. Afortunadamente, hablaba español y le conté mi historia. Le rogué que me permitiera sentarme en algunas clases. "¡Es que tengo que aprender inglés!" le dije.

Su respuesta me sorprendió mucho. "Usted no se puede solo sentar en las clases," me dijo. "Pero si le permitiré inscribirse en cuatro clases. Usted será una estudiante universitaria como los demás"

Después añadió, "Si usted no tiene éxito en esto, no me moleste mas."

¿Ay Dios mío, pueden imaginarse como me sentí? En parte estaba muy alegre que me permitieran tomar

classes. On the other hand, I was terrified! How in the world could I manage four college classes in English?

But do you know what? I did it. It was hard. It was *really* hard. Every day I woke up and got my husband and children off to work and to school. Then I took the bus to college. I came home to make lunch for my husband and grandparents. Then I returned to college. I got home in time to meet Victor, Mario, and Martha when they arrived from school. In the evenings I cooked and cleaned and did laundry and put the children to bed. Then I would study, often until three o'clock in the morning.

❖ ❖ ❖ ❖ ❖ ❖

clases. Por otra parte, me moría de miedo. ¿Cómo podría yo con cuatro clases en inglés?

¿Saben qué? Lo logré. Fue difícil. Fue muy difícil. Todos los días me despertaba y alistaba a mi esposo para el trabajo y a mis hijos para la escuela. Después tomaba el autobús a la universidad. Llegaba a casa a prepararle el almuerzo a mi esposo y a mis abuelitos. Después regresaba a la universidad. Volvía a casa justo a la hora que llegaban Víctor, Mario y Martha. En las tardes cocinaba y limpiaba. Lavaba la ropa y acostaba a los niños. Después es que estudiaba, a menudo hasta las tres de la mañana.

Some days I was so tired I thought I would throw up. There were days I went into the ladies room at school and cried. Many times I looked at myself in the mirror and said, "What are you doing? Why don't you go home and watch TV like a normal person?"

To add to the stress, not everyone was happy with what I was doing. My grandpa did not understand at all. He did not approve of me, a wife and mother, going back to school. He thought I was bringing shame to the family. For a while, he even stopped speaking to me.

◆ ◆ ◆ ◆ ◆ ◆

Algunos días, estaba tan cansada que pensaba que vomitaría. Había días que me metía al baño en la escuela y lloraba. Muchas veces me veía en el espejo y me preguntaba a mí misma, "¿Qué estoy haciendo? ¿Porqué no me voy a la casa a ver televisión como una persona normal?"

Para agregar a mi tensión nerviosa, no todos estaban felices con lo que yo estaba haciendo. Mi abuelito no entendía para nada, lo que yo hacía. A él no le gustaba que una esposa y madre volviera a la escuela. Él pensaba que yo traía vergüenza a mi familia. Por un tiempo me dejó de hablar.

*Dr. Guadalupe Quintanilla*

*Dra. Guadalupe Quintanilla*

That hurt me very much. I loved and respected Grandpa so much. And I loved many of the old-fashioned ways he had taught me. I hated to make him unhappy. But I saw that in order to help my children succeed, and to make my family happy in the future, I needed to become a more modern woman.

So I did not go home. And at the end of the term, I had made good grades in each of my four classes. My English was getting better every day. And I had discovered something: I really liked to study! Maybe I wasn't such a "slow learner" after all!

◆ ◆ ◆ ◆ ◆ ◆

Eso me lastimó mucho. Yo amaba y respetaba tanto a mi abuelito. Amaba también muchas de las tradiciones antiguas mexicanas que él me había enseñado. Pero yo sabía que para poder ayudar a que mis hijos tuvieran éxito yo tenía que ser una mujer más moderna.

Por eso no me quede en la casa. Al final del semestre, yo había recibido calificaciones altas en cada una de mis cuatro clases. Mi inglés mejoraba cada día. Descubrí algo: ¡me gustaba mucho estudiar! Al fin y al cabo, no era una estudiante "lenta".

## Chapter 8

There is so much more I could tell you about the years that followed. But I don't want to make this story too long. I'll just tell you this: After finishing those first four classes, I signed up for four more classes . . . and then four more. In three years I had earned a college degree in biology. Later I got a master's degree at the University of Houston. When I finished that, the University hired me to run its Mexican-American studies program. While I was working there, I earned an even higher degree, a PhD in education. I am now known as "Dr. Quintanilla."

## Capítulo 8

Hay tantas cosas que les pudiera contar sobre los años que siguieron. Pero no quiero que mi historia se haga muy larga. Sólo les contare esto: después de terminar esas primera cuatro clases me inscribí en cuatro mas, y luego cuatro más. En tres años pude recibir un título de bachillerato en biología. Luego recibí una Maestría en la Universidad de Houston. Cuando terminé mi maestría esa universidad me contrató como directora de su programa de estudios México-americanos. Mientras estaba trabajando en esa universidad recibí un titulo más alto todavía, un doctorado en educación.

As I told you at the beginning of this book, I am also the president of my own company. I help police officers all over the country learn to communicate better with Hispanic people in their towns. I have had the great honor of serving President Ronald Reagan as a speaker to the United Nations in New York. President George H.W. Bush also asked for my help in making laws that were fair to everyone.

Yes, many wonderful things have happened in my life. But none of them make me nearly as happy as what has happened to my children.

◆ ◆ ◆ ◆ ◆ ◆

Como les dije al principio de este libro, yo también soy la presidente de mi propia compañía. Yo ayudo, a agentes de la policía a través de todo el país a poder comunicarse bien con la gente Hispana en sus ciudades. He tenido el gran honor de servir al Presidente Ronald Reagan como representante de los Estados Unidos a las Naciones Unidas en Nueva York. El Presidente George H.W. Bush también pidió mi ayuda en crear leyes que son justas para todos en el país.

Si, muchas cosas maravillosas han pasado en mi vida. Ninguna de ellas me hacen tan feliz como las cosas que han pasado con mis hijos.

As soon as I began college, I did what that teacher had suggested. I began speaking English at home. I also read to the children in English. It was so hard at first! I felt embarrassed at first at my mistakes and bad pronunciation. But I knew the only way my English would get better was to use it. Together, we all became comfortable with the language. They saw me studying hard, and they began studying hard as well. Very soon, their grades shot up. One by one, they all became Red Birds!

(I do not want you to think that we ever forgot our Spanish. Once the children started high school, I began speaking Spanish to them again. I did not want them to

❖ ❖ ❖ ❖ ❖ ❖

Al empezar la universidad, yo hice lo que me sugirió el maestro. Yo empecé a hablar en inglés en casa. Yo también les leía a los niños en inglés. ¡Al principio fue muy difícil para mí! Me daba mucha pena. Pero yo sabía que la única manera en cual mi inglés mejoraría era usándolo. Juntos, todos nos sentíamos más a gusto con el idioma. Mis hijos me veían estudiando duro y ellos entonces comenzaron a estudiar duro también. Muy pronto, sus calificaciones subieron. Uno por uno, los tres, se convirtieron en Pajaritos Rojos.

(Yo no quiero que piensen que a nosotros se nos olvidó nuestro español. Cuando los niños empezaron a ir a la escuela secundaria, yo les empecé a hablar en

lose that beautiful language. Now they can speak both languages perfectly.)

And today? Well, I am the mom, aren't I? I think I can brag about my children a little bit.

- Victor is a lawyer working in San Antonio, Texas.
- Mario is a doctor. He worked in a hospital emergency room for many years, and now he is opening his own clinic in Houston, Texas.
- And Martha is also a lawyer. She works in Dallas, Texas.

So these children, who were told they were slow learners, all finished high school. Then they finished college. Then they finished medical or law school.

español de nuevo. Yo no quería que ellos perdieran este lindo idioma. Ahora ellos hablan los dos idiomas perfectamente.)

¿Y hoy como les va? ¿Bueno, yo soy la Mami, o no? Yo pienso que les puedo presumir un poquito.

- Víctor es un abogado viviendo en San Antonio, Texas
- Mario es un doctor. El trabaja en la sala de emergencias de un hospital en Houston.
- Y Martha es también una abogada, ella trabaja en Dallas, Texas

Recuerden que a estos tres niños se les llamó niños que no pueden aprender o que aprenden lentamente.

Remember that I was told I was not smart enough to learn at all.

What do I want you to take away from our story? It is this:

If anyone ever tells *you* that you are not smart enough to achieve your dreams, I hope you will remember us.

I know my children would join with me to tell you, "Never, ever, ever let other people decide what you are capable of. Only YOU are in charge of making your family truly happy. Only you are in charge of making your dreams come true."

◆ ◆ ◆ ◆ ◆ ◆

Recuerden que a mí me dijeron que yo no tenía la inteligencia de aprender nada.

Si alguien a ti te dice que no tienes la inteligencia para lograr tus sueños, espero que nos recuerdes a nosotros y que recuerdes que "querer es poder".

Yo sé que mis hijos también les dirían que: "No dejen que otros decidan de que son capaces. Solo tú estás a cargo de lograr que tus sueños se realicen y que tu familia sea feliz por tu éxito en la escuela". Siempre estudien. ¡Es lindo aprender!

# Lupe Quintanilla
## My Story

◆ ◆ ◆ ◆ ◆ ◆ ◆

# Lupe Quintanilla
## Mi Historia

Beth Johnson
Lupe Quintanilla

TP THE TOWNSEND LIBRARY

# LUPE QUINTANILLA  My Story

◆ ◆ ◆ ◆ ◆

# LUPE QUINTANILLA  Mi Historia

 **THE TOWNSEND LIBRARY**

For more titles in the Townsend Library,
visit our website: **www.townsendpress.com**

Photo credits:
Photos by Beth Johnson on pages 25, 29, and 43.
All other photos courtesy of Guadalupe Quintanilla.

**Townsend Press, Inc.**
**439 Kelley Drive**
**West Berlin, New Jersey 08091**
**cs@townsendpress.com**

ISBN-13:  978-1-59194-269-6
ISBN-10:  1-59194-269-1

Library of Congress Control Number:
2011941466